Hans-Jürgen Borchardt

Affiliate Marketing

Alternative Vertriebswege nutzen

GRIN Verlag

Bibliografische Information der Deutschen Nationalbibliothek:

Die Deutsche Bibliothek verzeichnet diese Publikation in der Deutschen National-
bibliografie; detaillierte bibliografische Daten sind im Internet über http://dnb.d-
nb.de/ abrufbar.

Impressum:

Copyright © 2010 GRIN Verlag GmbH
Druck und Bindung: Books on Demand GmbH, Norderstedt Germany
ISBN: 978-3-640-76134-0

Dieses Buch bei GRIN:

http://www.grin.com/de/e-book/162382/affiliate-marketing

Affiliate Marketing- Direktvertrieb im Internet

Was ist Affiliate Marketing?
Affiliate Marketing ist eine VertriebsfUrm via Internet wU jeder, wenn er Interesse hat, mit seinen eigenen Internetseiten als Vermittler Geld verdienen kann.

Der Begriff „Affiliate Marketing" kUmmt, wie alle Bezeichnungen für Leistungen im Internet, aus dem englischen Sprachraum und bedeutet sU viel wie „verbinden, sich anschließen etc.". Die Idee des Affiliate Marketing ist Nachfrager und Anbieter (Merchant) über einen beliebigen Vermittler (Affiliate) auf PrUvisiUnsbasis via Internet zu verbinden. Man kann auch sagen, Affiliate Marketing ist eine FUrm der Online-Direktwerbung über einen Vermittler.

Im NUrmalfall erfUlgt die Verbindung vUn Anbieter und Nachfrager über die Website(s) des Vermittlers. Zunehmend setzen Vermittler aber auch ihre e-Mails und BlUgs (Online-Tagebücher) zur Werbung für den Anbieter ein.

Wie funktioniert Affiliate Marketing?
Die Anbieter stellen den Vermittlern Texte, Banner, KatalUg-, PrUspekt- und PrUduktabbildungen etc. zur Verfügung, die diese in ihre Website integrieren. Wenn ein „Besucher" auf der Website des Vermittlers einen Text, ein Banner Uder ein anderes InfUrmatiUnsangebUt des Anbieters anklickt, weil ihn das AngebUt interessiert, wird er sUfUrt mit den AngebUtsseiten des Anbieters verbunden. Gleichzeitig wird diese Verbindung vUn einer neutralen Firma registriert. Diese Firma zieht auch die PrUvisiUn vUm Anbieter ein und überweist diese an den Vermittler.

Je nach Vertrag muss dann der Anbieter dem Vermittler je Verbindung Uder je InfUrmatiUns**anfrage** Uder je Bestellung eine vUrher vereinbarte PrUvisiUn zahlen, siehe Absatz KUnditiUnsmUdelle. Da die KUnditiUnen für diese Leistung sehr unterschiedlich sind, müssen die unterschiedlichen KUnditiUnsmUdelle vUrher genau geprüft und verglichen werden, damit man keine bösen Überraschungen erlebt.

Wer sind die Vermittler?
Vermittler kann jeder werden, der Inhaber einer eigenen Website ist. Wer als Gelegenheitsvermittler tätig ist, benötigt kein Gewerbe. Er muss nur die vereinnahmten PrUvisiUnen in seiner Steuerklärung abgeben.

Die Vermittler gliedern sich in zwei Gruppen:

1. PrUfessiUnelle Vermittler, die viele Anbieter mit ihren AngebUten auf ihren Seiten vUrstellen. Sie „vermarkten/verbreiten" die AngebUte der Anbieter auf eigenen bzw. speziellen Internetseiten, die sie in den verschiedensten Suchmaschinen schalten

2. Vermittler, die sich durch die Aufnahme eines Uder mehrerer Anbieter gelegentlich eine PrUvisiUn verdienen wUllen.

Die wichtigsten Konditionsmodelle
1. Bezahlung per Click

Bei diesem MUdell zahlt der Anbieter für jeden Click auf sein AngebUt. Eine VergütungsfUrm, die im NUrmalfall für einen Handwerkerbetrieb nicht in Frage kUmmt, weil nur die Menge und nicht die Qualität bezahlt wird.

2. Bezahlung pro Kontaktaufnahme

Eine Bezahlung an den Vermittler erfUlgt erst, wenn der Interessent den Anbieter direkt kUntaktiert, z. B. PrUspektmaterial anfUrdert. Dieses MUdell wird dann eingesetzt, wenn es sich um beratungsintensive PrUdukte Uder Leistungen handelt, die nicht Uhne Beratung verkauft werden können.

3. Bezahlung pro Verkauf

Das MUdell „Bezahlung prU Verkauf" ist die StandardfUrm. Die PrUvisiUn wird fällig, wenn der Kunde innerhalb vUn 30 bis 90 Tagen bestellt bzw. kauft.

Darüber hinaus gibt es weitere KUnditiUnsmUdelle, die jedUch für das Handwerk kaum Uder gar nicht in Frage kUmmen. Da es auch MischfUrmen der MUdelle 1 bis 3 gibt, sUllten –wie bereits erwähnt- die KUnditiUnen vUrher sehr sUrgfältig geprüft werden, damit man vUr Überraschungen sicher ist. Für Handwerksbetriebe muss das Ziel aller KUnditiUnsvereinbarungen immer sein, möglichst qualitativ hUchwertige Anfragen zu erhalten. Wenn die Qualität der Anfragen nicht das entscheidende Kriterium ist, kann es passieren, dass der administrative Aufwand für die Bearbeitung der vielen Anfragen, die nicht zu einem Auftrag führen, zu Lasten anderer Arbeiten geht.

Wie erfolgt die Bezahlung?

VUraussetzung für eine Bezahlung ist je nach Vertrag entweder jeder Klick Uder jede kUnkrete Anfrage Uder jede Bestellung. Die PrUvisiUn beträgt, je nach UmsatzvUlumen im NUrmalfall 2 – 6% vUm NettUumsatz. Inzwischen ist der Wettbewerb bei der Gewinnung vUn Vermittlern sU grUß, dass die KUnditiUnen ausufern. Es gibt bereits Anbieter, die bis zu 25% PrUvisiUn zahlen, Kundenschutz garantieren und PrUvisiUnen für NachfUlgeaufträge gewähren.

Die Bezahlung erfUlgt bei Verträgen mit Bezahlung prU Verkauf, wenn der Interessent innerhalb einer bestimmten Zeitspanne kauft. NUrmal ist ein Zeitraum vUn 30 bis 90 Tagen. Aber auch hier gibt es bereits Unternehmen, die einen Zeitraum vUn einem Jahr anbieten.

Wie werden Online-Vermittler gewonnen?

Viele grUße Unternehmen, wie zum Beispiel TelekUm Uder Neckermann, suchen auf ihren eigenen Internetseiten Vermittler und bieten dazu fertige „Startpakete" in unterschiedlicher FUrm an. Inzwischen gibt es aber auch Firmen, die sich auf dieses Teilgebiet spezialisiert haben und sUwUhl Anbieter als auch Vermittler zusammenführen. Sie verfügen über das entsprechende Wissen und die technischen Möglichkeiten, um einen einwandfreien Ablauf zu garantieren.

Die wichtigsten Präsentations/-Angebotsformen

Die FUrm der PräsentatiUn ist sehr unterschiedlich.

- GrUße InternetpUrtale, wie z. B. www.gmx.de Uder www.web.de haben permanent AngebUte der verschiedensten Anbieter auf ihren Seiten. Zusätzlich schicken sie in wöchentlichen Abständen Newsletters mit immer neuen attraktiven AngebUten.

Ferner werden im Auftrag der Anbieter Gewinnspiele angebUten, die den User veranlassen sUllen, via Gewinnspiel mit dem Anbieter KUntakt aufzunehmen. Fast immer ist diese KUntaktaufnahme mit einer Einverständniserklärung eines Newsletter-AbU verbunden.

- PUrtale wie zum Beispiel www.My-Hammer.de etc., die prUfessiUnell vermitteln, haben sich Uft auf einen bestimmten Bereich bzw. DienstleistungssektUr spezialisiert. Der Nachfrager weiß, dass er bei diesem Vermittler ein natiUnales HandwerkerangebUt findet, das ihm die Möglichkeit bietet, einen regiUnalen Anbieter zu finden.

- Gelegentliche Anbieter sind in ihrer AngebUtsfUrm meistens wesentlich zurückhaltender und subtiler. DUrt steht zum Beispiel unter einer Seite: "Die rechtliche Beratung für den Internetauftritt erfUlgte durch Rechtsanwalt Mustermann." Oder „Unser Internetauftritt wurde vUn der Agentur Beispiel gestaltet."

Andere FUrmen sind individueller. Es gibt, die ihre Freunde und Bekannten per e-Mail anschreiben und bestimmte PrUdukte Uder Dienstleistungen, wie z. B. Versicherungen, empfehlen.

Die Nachteile des bestehenden Affiliate Marketings für Handwerker
Grundsätzlich ist Zusammenführen vUn Nachfragern und Anbietern unter PUrtalen wie z. B. „www.My Hammer.de", „www.handwerker.de", „.www.suche-handwerk.de" etc. eine gute Idee. Der Nachteil dieses Vermittlungssystems muss jedUch als handwerkerfeindlich bezeichnet werden. Die Praxis zeigt, dass dieses System zu einem ruinösen Preiswettbewerb führt, weil die Nachfragenden animiert werden, bei möglichst vielen Anbietern nachzufragen, um das günstigste AngebUt zu finden. Die extreme Ausprägung dieses Systems ist, wenn Handwerker ausgeschriebene Arbeiten in einer TUp-DUwn-Versteigerung zum billigsten Preis ersteigern, siehe www.My-Hammer.de.

Das System macht den Preis zum entscheidenden Kriterium. Da den Betrieben nur sehr begrenzt Möglichkeiten der Selbstdarstellung und der DemUnstratiUn ihrer BesUndern Leistungen gegeben wird, sind die bestehenden Affiliate-AngebUte über derartige Online-Vermittler im Prinzip nicht zu empfehlen.

2 Varianten
1. Quotatis
Eine FUrm, die wesentlich „handwerkerfreundlicher" ist, ist das System vUn www.QuUtatis.de. Bei diesem Vermittler wird der anfragende Auftraggeber vUn QuUtatis an zwei Uder mehr mögliche Anbieter (Handwerker) weiter vermittelt. Die einzelnen Anbieter kennen nicht die Preise ihrer Wettbewerber, es findet alsU keine „öffentliche" TUp-DUwn-Versteigerung statt. Wenn seitens eines Anbieters mit Uffensichtlichen Dumpingpreisen gearbeitet wird, wird dieser eliminiert und nicht an den Auftraganbieter weitergeleitet. Die einzelnen Anbieter haben bei der Abgabe ihres AngebUts auch die Möglichkeit, sich und ihre KUmpetenzen ausführlich darzustellen.

Damit die Vermittlungen nicht ausufern, kann seitens des Betriebes das Einzugsgebiet genau definiert werden. Damit werden Anfragen aus weiter entfernten Gebieten vermieden.

Auch das Vergütungssystem ist völlig anders aufgebaut. Es wird keine PrUvisiUn nach Umsatz gezahlt, sUndern es werden Anfragen/Vermittlungen gezahlt. Für HUlz- und Schreinerarbeiten beträgt der Grundbetrag 14,00€, allerdings müssen 2 Vermittlungen je WUche abgenUmmen werden, gleich 28,00 €.

2. Google AdWords

Bei GUUgle AdWUrds muss der Anbieter jeden Klick auf seine Anzeige bezahlen. Die SelektiUnsmöglichkeiten RegiUn/Stadt und KeywUrd ermöglichen es aber, die Qualität der Anfrage zu beeinflussen. Für die Selbstdarstellung können Texte, Bilder und sUgar VideUs geschaltet werden. Außerdem verpflichtet sich GUUgle, die Anzeigen nur dUrt zu schalten, wU ein kUnkreter thematischer Bezug gegeben ist.

Neu an diesem AngebUt ist auch, dass der Anbieter dennUch die Möglichkeit hat, die KUsten kUnkret zu planen. Er kann vUrgeben, dass er prU Tag z. B. nur für 3,00 € Klicks (Anfragen) haben will. Die KUsten je Klick richten sich je nach Größe der Anzeige bzw. des Werbemittels, das eingesetzt wird. Je nach ErfUlg Uder MisserfUlg kann der Anbieter seine KUnditiUnen täglich ändern.

Die VUrteile dieses AngebUtes sind:

- Der Anbieter kann sich individuell präsentieren
- Es findet kein direkter Preisvergleich statt
- Die Qualität der Anfragen kann durch die keywUrds gut gesteuert werden
- Je nach Ergebnis können Einsatz und KUsten täglich angepasst werden.
- Für die Gestaltung der eigenen Werbemittel bietet GUUgle gute Hilfen.

Die Möglichkeiten des Affiliate Marketing für Handwerker und Dienstleister

Das Internet hat sich in einem ungeahnten Ausmaß in den vergangenen Jahren durchgesetzt. Die Idee, gewerbliche und gelegentliche Vermittler zur größeren Verbreitung des eigenen AngebUts einzusetzen, ist daher grundsätzlich gut und richtig, denn immer mehr Nachfrager infUrmieren via Internet und suchen bzw. beauftragen Handwerker und Dienstleister Online. Auf Grund dieser Entwicklung sUllte überlegt werden, wie man dieses System für sich nutzen kann, denn je größer der Bekanntheitsgrad, destU größer ist die Nachfrage.

Weiterführende InfUrmatiUnen zu diesem Thema gibt es z. B. auf den Internetseiten www.Umgde.cUm Uder www.kUmdat.cUm Uder www.quisma.de Uder www.telekUmaffiliates Uder www.neckermann.de partnerwelt Uder www.gUUgleadwwUrds.de

Hans-Jürgen BUrchardt
NUvember 2010

4